GUERRE D'ORIENT

MÉMOIRES

ADRESSÉS AU MINISTRE DE LA GUERRE

A DIFFÉRENTES ÉPOQUES DE L'ANNÉE 1855

Le 1er (24 mars) comprend l'Exposé de deux Plans de campagne ayant la ville d'Eupatoria pour point de départ;
Le 2e (20 mai) est relatif à l'entreprise d'un Coup de main sur Nicolaïeff;
Le 3e (2 octobre) indique des Marches stratégiques tournantes, pouvant être exécutées par les alliés, dans l'hypothèse où ils adopteraient la guerre de campagne.

Par M. DE MÉTIVIER DE VALS
Auteur de plusieurs autres écrits militaires sur cette guerre

Paris
IMPRIMERIE GUIRAUDET ET JOUAUST
RUE SAINT-HONORÉ, 338

Mars 1856

ERRATA.

Par une erreur typographique, les mots *Yalta*, *Yaïla* et *Yaman-Tach* ont été imprimés par un J au lieu d'un Y.

GUERRE D'ORIENT

MÉMOIRES

ADRESSÉS AU MINISTRE DE LA GUERRE

A DIFFÉRENTES ÉPOQUES DE L'ANNÉE 1855

Le 1er (24 mars) comprend l'Exposé de deux Plans de campagne ayant la ville d'Eupatoria pour point de départ;
Le 2e (20 mai) est relatif à l'entreprise d'un Coup de main sur Nicolaïeff;
Le 3e (2 octobre) indique des Marches stratégiques tournantes, pouvant être exécutées par les alliés, dans l'hypothèse où ils adopteraient la guerre de campagne.

PAR M. DE MÉTIVIER DE VALS
Auteur de plusieurs autres écrits militaires sur cette guerre

Paris
IMPRIMERIE GUIRAUDET ET JOUAUST
RUE SAINT-HONORÉ, 338

Mars 1856

SOMMAIRE.

GUERRE D'ORIENT

Les opérations de la grande guerre doivent être considérées sous deux points de vue parfaitement distincts, suivant qu'elles se rapportent à la guerre de siége ou à la guerre de campagne.

Les opérations de siége d'une ville ou d'un camp retranché, tel que Sébastopol, sont de la compétence spéciale du génie et de l'artillerie. Ce sont, en effet, les chefs de ces deux armes qui déterminent les lieux vulnérables de la place ou du camp ennemi vers lequel les attaques principales doivent être dirigées. Le général en chef de l'armée ayant approuvé le choix de ces points d'attaque, le génie militaire entre en action ; il trace et fait exécuter les méthodiques travaux de circonvallation, d'approches et de mines.

L'artillerie vient en aide à ces ouvrages d'art : elle fait avancer successivement ses canons dans l'intérieur des galeries qui ont été pratiquées dans le sol ; y établit ses batteries le plus avantageusement possible et projette de là une écrasante masse de fer sur les fortifications des adversaires ; la vigueur de son feu ne tarde point à démolir, renverser, broyer une partie des obstacles, et à y ouvrir de larges brèches.

Les bataillons d'infanterie sont alors appelés à venir compléter, par leur élan et leur intrépide audace, le succès de l'entreprise.

Le jeu difficile de la guerre de campagne veut être conduit d'après un tout autre système.

Il est offensif ou défensif; nous n'envisagerons ici que le système offensif.

Ce dernier demande de l'espace et une incessante initiative ; il ne permet ni lenteur ni incertitude dans l'exécution des mouvements entrepris. Le sublime de l'art en ce genre consiste dans l'intelligente direction donnée aux marches nombreuses et rapides qu'exige soit la grande tactique, soit la stratégie.

Les premières, celles de la grande tactique, ont lieu sous le rayon visuel du champ de bataille ; elles amènent les troupes sur l'emplacement qu'elles doivent occuper sur le terrain et les y disposent de la manière la plus convenable à l'action particulière de chaque arme.

Les secondes, concernant la stratégie, nécessitent des combinaisons d'un ordre plus élevé, plus vaste, plus varié, dans les directions à donner aux colonnes. Ces directions doivent être tracées d'après la carte du pays, à la suite d'une étude approfondie de la topographie et de la statistique des lieux, afin de pouvoir calculer les différentes marches suivant les ressources que peuvent fournir les contrées.

Ces marches stratégiques, ainsi déterminées d'après une juste appréciation du temps, des distances et de la nature des terrains à parcourir, ont pour objet de conduire secrètement les divisions d'une armée vers les parties faibles que présentent les positions de l'ennemi ; elles permettent de gagner de vitesse un point essentiel du théâtre de la guerre ; de porter des détachements plus ou moins nombreux de l'armée aux endroits où il convient de les présenter, dans le but de tromper l'adversaire ou de l'inquiéter sur les communications nécessaires à sa sûreté, ou encore pour être à même de le frapper avec des masses supérieures à celles dont il peut disposer.

Ce sera donc aux talents du général en chef, à son habileté à faire usage en temps opportun des divers moyens que nous venons d'indiquer ; à son caractère vif, déterminé, entreprenant, fertile en ressources, à son sang-froid et sa présence d'esprit au milieu des dangers, que seront dus principalement les succès dans ce genre de campagne.

Les opérations de la guerre de siége et de la guerre de campagne, dont nous venons de signaler l'immense différence, s'exécutent, parfois, sans aucune liaison ni dépendance réciproques. Nous pensons néanmoins que les premières ont toujours besoin du concours des secondes pour atteindre plus vite et avec moins de sacrifices les résultats désirés.

Il nous paraît évident, en effet, que, si les troupes que l'ennemi destine à porter secours aux assiégés sont repoussées loin de la forteresse par l'armée en campagne ; si, de plus, l'adversaire se voit menacé lui-même d'un désastre plus grave encore que la perte de la place, il n'hésitera point à laisser cette dernière à la seule défense de la garnison, et celle-ci, bientôt épuisée de fatigue, perdant l'espoir d'être délivrée, ne tardera pas à se résigner à la dure nécessité d'ouvrir ses portes (1).

---

(1) « Ne vous enterrez point devant les villes, tenez la campagne, répétait souvent le maréchal de Turenne ; battez les armées de secours, les places tomberont ensuite d'elles-mêmes. »

Napoléon Ier sanctionna l'excellence de ce principe devant Mantoue en 1796. Ses opérations furent les plus sages comme les plus habiles qu'un général puisse exécuter en pareille occasion.

Au mois de mars dernier, l'attaque de la partie sud de Sébastopol occupait seule les coalisés. Les troupes françaises, admirables de bravoure, de patience et de discipline, avaient déjà rendu à leurs drapeaux l'éclat dont brillaient les armes du premier empire ; notre cœur de vieux soldat de cette époque en éprouvait une vive joie. Cependant nous souhaitions pour nos jeunes guerriers des triomphes plus beaux, plus décisifs encore ; aussi nos yeux, souvent fixés sur le théâtre de la guerre, s'attachaient-ils à observer les positions respectives des armées belligérantes.

La route de Simphéropol à Pérékop, que l'ennemi laissait à découvert, frappa notre attention ; nous eûmes alors la pensée qu'une occasion favorable se présentait aux confédérés d'appliquer simultanément les deux genres d'opérations de la grande guerre, et qu'il importerait, dans ce but, d'envoyer des forces plus ou moins nombreuses pour agir en avant d'Eupatoria.

Nous crûmes donc faire un acte de bon citoyen en adressant à ce sujet, le 24 mars de l'an dernier, au ministre de la guerre, le mémoire qu'on va lire.

Le 9 avril suivant, l'illustre et savant maréchal Vaillant, si compétent dans l'appréciation de toutes les opérations concernant la guerre, daigna nous en accuser réception de sa propre main, et nous dire : « qu'ayant lu notre travail avec un réel intérêt, il nous priait de lui permettre d'en prendre copie, etc., etc. » Nous regrettons vivement qu'il ne nous soit point permis de rendre publique cette honorable lettre : elle prouverait que nos idées avaient une grande valeur à ses yeux.

MOUVEMENTS

A OPÉRER

EN AVANT D'EUPATORIA

---

24 mars 1855

Les immenses ressources de tout genre déployées jusqu'à ce jour par les Russes dans la défense des approches de Sébastopol, l'accumulation incessante qu'ils y ont faite de leurs troupes, tant pour repousser nos attaques que pour entourer notre armée de siége, nous font penser qu'avant de tenter l'effort suprême d'un assaut, il conviendrait d'exécuter l'un des deux plans de campagne que nous allons exposer dans ce mémoire.

1° *Opérations particulières à une armée secondaire partant d'Eupatoria en Crimée.*

S. A. R. le duc de Cambridge a parfaitement défini la situation de la lutte actuelle des armées alliées devant Sébastopol lorsqu'il a dit, en répondant à la municipalité de Londres : *Ce n'est plus qu'une guerre de soldats, et non de généraux.* On ne peut qu'être frappé de la justesse de ces paroles en voyant les quatre-vingt ou cent mille hommes qui composent les forces coalisées renfermés dans un périmètre d'environ quatre lieues carrées, où leurs chefs, manquant absolument d'espace, ne peuvent plus, par conséquent, chercher des succès ni dans les combinaisons stratégiques ni dans celles de grande tactique. Tout paraît donc, sur ce point, dépendre aujourd'hui de l'adresse des canonniers, de la vigueur et de l'audace des bataillons d'infanterie.

Cependant cette province de Crimée, qui forma jadis le royaume du Bosphore, offre aux confédérés un autre point que Sébastopol, admirable pour la guerre dont il s'agit, et sur lequel un général habile réussirait, ce nous semble, à changer la face des choses. Observons en effet que le prince Menstchikoff, ne comprenant point l'importance de la position topographique d'Eupatoria, s'est borné à faire entourer cette place au lieu de s'en emparer. Heureuse négligence de la part du commandant en chef des troupes russes, et qui, mise à profit par la coalition, peut encore servir, malgré le temps perdu, à rendre meilleure la situation militaire de nos braves soldats sous les murs de Sébastopol.

Mais, pour obtenir cet avantageux résultat, il faut que le général placé à la tête du corps d'armée secondaire qui partira d'Eupatoria réunisse à beaucoup de résolution et d'activité une intelligence supérieure dans l'art de la guerre.

Ce général se pénétrera d'abord de la pensée que tous ses mouvements doivent tendre à dégager l'armée assiégeante par de salutaires diversions ; qu'il atteindra certainement son but en allant manœuvrer audacieusement sur la ligne de communications de l'ennemi, lui inspirant ainsi des craintes sérieuses pour ses gîtes d'étape, ses magasins, ses convois de tous genres, lui faisant enfin redouter la perte de toutes ses relations directes avec l'isthme de Pérékop.

Les opérations de cette armée devront être constamment offensives ; ses mouvements consisteront, par suite, dans une série de marches rapides et de promptes évolutions stratégiques, ayant pour objet d'attaquer ou de menacer vivement, tantôt d'un côté, tantôt d'un autre, soit les villes de la Péninsule, soit les positions faibles des troupes du czar ; d'obliger ainsi leurs généraux à diviser leur attention, à morceler leurs troupes par gros échelons et à les répandre le long de la route impériale qui de Sébastopol conduit à Pérékop.

Les combinaisons stratégiques du général commandant le corps expéditionnaire auront également pour but d'attirer sur lui, loin de Sébastopol, la plus grande masse possible des forces russes, défendant la place ou resserrant notre armée de siége.

Déployons un instant la carte de la Tauride et parcourons des yeux les régions dans lesquelles l'armée secondaire devra effectuer ses marches, prenant toujours la mer pour base de ses mouvements et la ville d'Eupatoria comme son principal pivot. Cette ville tient à peu près le milieu d'une ligne droite qui, partant de Sébastopol, à 24 lieues sud du pivot indiqué, irait se terminer vers le nord à l'embouchure de la rivière de Tchterdick, c'est-à-dire à 23 lieues d'Eupatoria.

Dans notre rapide examen, partant d'Eupatoria, nous remarquerons d'abord à notre droite, le long de la mer, à une distance de 30 kilomètres, le Vieux-Port, lieu du premier débarquement des alliés; plus loin, coule un faible cours d'eau appelé Boulganak; plus loin encore, on arrive à l'Alma, célèbre aujourd'hui par la bataille qui a été livrée sur ses bords. 15 à 17 lieues la séparent de notre point de départ; on voit ensuite la Katcha, puis le Belbek : celui-ci baigne le pied d'une chaîne de montagnes qui environne au nord et à l'ouest la forteresse de Sébastopol.

Les deux dernières rivières coulent dans des vallons parallèles situés entre Sébastopol et Baktché-Saraï, les deux premières dans l'espace de terrain qui sépare Baktché-Saraï de Simphéropol.

Le pays sillonné par ces quatre cours d'eau est boisé, montagneux, coupé de profonds ravins, par conséquent très propre à la guerre. La route dite impériale de Sébastopol à Simphéropol traverse ce sol accidenté, dans la direction du sud-ouest au nord-est. Baktché-Saraï, qu'elle dessert, est une ville de 9,000 à 10,000 âmes, située à trois marches d'Eupatoria; et de celle-ci à Simphéropol, qui compte 10,000 à 12,000 âmes, la distance est de 24 lieues.

La grande route qui mène de Simphéropol à Pérékop se développe devant nous; elle incline légèrement en s'élevant du sud-est vers le nord-ouest. Son parcours est de 37 lieues depuis Baktché-Saraï jusqu'à la rivière Tchterlik, où commencent les lacs salés qui forment des défilés dans l'isthme de Pérékop. Le bourg d'Orta-Alban, placé sur cette route, en face d'Eupatoria, en est éloigné de 12 à 13 lieues.

Au sortir de Simphéropol, l'aspect du pays change complétement : le sol est plat, sablonneux, très peu cultivé; les bourgs, villages ou hameaux y sont rares; de nombreux tumulus répandus dans ces steppes servent de guides aux voyageurs.

La largeur de la Crimée en ligne droite d'Eupatoria à la mer Putride est d'environ 32 lieues.

Telle est la contrée au sein de laquelle l'expédition devra se mouvoir; agissant avec la rapidité de l'aigle, elle rayonnera sans cesse vers les différentes positions de l'ennemi (1).

Si le commandant de notre armée secondaire ne savait profiter de l'excellente situation stratégique d'Eupatoria pour agir offensivement, afin d'inquiéter, comme nous venons de le dire, le flanc et les derrières des corps d'armée russes; s'il méconnaissait l'importance de sa mission au point de se laisser bloquer dans les murs d'Eupatoria, ou bien encore s'il se bornait à conduire ses troupes au nord de Sébastopol pour y prendre poste et cerner la place de ce côté, ainsi que l'ont annoncé plusieurs journaux anglais et français, il commettrait selon nous une faute grave, agirait sans art, et, dans la dernière hypothèse, compromettrait gravement son armée. Dans les deux cas, l'action de cette force secondaire ne serait que d'un très faible secours aux assiégeants, attendu qu'il suffirait au généralissime ennemi de détacher peu de monde pour la tenir en échec.

Répétons-le donc : le commandant de l'armée d'Eupatoria n'effectuera la diversion dont l'armée principale éprouve un si pressant besoin qu'en tenant la campagne, calculant avec soin l'étendue, la direction et le but de ses marches, qu'en multipliant ses forces par la grande mobilité de ses colonnes. A l'aide de pareils mouvements stratégiques, il y a lieu d'espérer que ce général parviendrait à paralyser ou occuper à sa poursuite trois ou quatre fois plus de troupes qu'il n'en a; la résistance de l'ennemi serait alors diminuée d'autant, soit que les assiégeants entreprissent l'assaut de la place, soit qu'il leur parût préférable de marcher sur l'armée de secours russe, de lui livrer bataille, de la battre et

(1) La carte de Crimée que nous possédons est trop restreinte pour nous permettre de tracer ici, d'une manière quelque peu exacte, l'itinéraire à suivre dans une expédition.

de venir ensuite donner la main aux troupes d'Eupatoria pour agir de concert avec elles.

Supposons l'effectif des troupes rassemblées autour d'Eupatoria être de 40,000 à 50,000 hommes. Sur ce nombre, on en choisira une trentaine de mille, y comprenant le plus de cavalerie possible, et leur adjoignant un matériel d'artillerie de trois pièces au moins par 1,000 combattants. Ce fort détachement ainsi composé nous paraît suffisant pour manœuvrer dans le sens que nous venons d'indiquer ; l'excédant sera utilement employé à garder la ville et quelques autres places d'armes, car il sera très à propos d'établir à la hâte, sur deux ou trois points favorables de la côte ou dans l'intérieur des terres, des points d'appui ou de refuge momentanés, pour le cas où l'armée viendrait à être trop pressée par l'ennemi.

L'intérêt de l'expédition exigerait aussi qu'une flotte capable de transporter au besoin 10,000 à 12,000 hommes pût être mise à la disposition du général commandant l'armée dont il s'agit. Cette facilité de communication lui procurerait d'immenses avantages ; il s'en servirait comme d'un chemin de fer pour jeter un ou plusieurs détachements sur des points de la côte où il conviendrait d'attirer l'attention de l'ennemi, et ramènerait l'escadre vers lui dès que la diversion entreprise aurait produit ses effets.

Ce général en chef devra poursuivre avec vigueur ses succès, mais il ne perdra jamais de vue ses lignes de retraite et prendra bien garde de les compromettre (nous disons ses lignes, parcequ'il est prudent qu'il s'en ménage plusieurs) ; il ne s'engagera sérieusement que dans le cas où la supériorité numérique de ses forces permettra de le faire sans danger ; dans ces occasions même, il saura conserver les moyens de se retirer de l'action dès qu'il surviendrait quelques circonstances imprévues de nature à tourner contre lui les chances du combat.

2° *Exposé du Plan de campagne à exécuter par une armée principale.*

Le point décisif du théâtre de la guerre en Crimée ne nous paraît plus se trouver dans les murs de Sébastopol : la prise de cette place et des nombreux vaisseaux qui mouillent dans son port ne mettra point l'armée russe dans la nécessité de capituler ; elle pourra perdre beaucoup de monde pour les défendre, essuyer un douloureux échec ; mais, ses derrières restant libres, elle ne sera jamais réduite qu'à l'abandon de ses retranchements lorsqu'elle jugera ne pouvoir plus s'y maintenir. Dans ce cas, elle sortira de la ville comme elle le ferait si elle évacuait un simple camp retranché.

Alors donc qu'elle sera forcée dans la formidable position qu'elle occupe, sa retraite s'effectuera sur un point en arrière, choisi probablement d'avance, où elle offrira de nouveaux combats. Les alliés se verront ainsi dans la nécessité de pousser de front devant eux les troupes ennemies, de les culbuter de position en position jusqu'au delà du large fossé de Pérékop, où il devient indispensable de rejeter les Russes, si l'on veut que la destruction de Sébastopol réalise le but principal de la guerre.

D'après ces considérations, il est très probable que l'enlèvement de Sébastopol à la suite d'un vigoureux et sanglant assaut ne sera qu'un épisode brillant de la campagne, mais non un de ces succès définitifs, un de ces triomphes écrasants, qui forcent un ennemi battu à subir immédiatement les lois du vainqueur.

Ainsi l'art et la prudence invitent les alliés à rechercher un côté plus faible et plus vulnérable à leurs coups que ce Gibraltar de la Crimée; il faut donc tâcher d'agir sur un point où notre puissant adversaire puisse être sûrement atteint et frappé au cœur de l'un de ces coups dont on ne peut se relever.

Cet endroit faible est facile à reconnaître : c'est évidemment la route de Pérékop à Simphéropol, ligne principale de communication de l'ennemi. Dès lors il ne s'agit que d'opérer de manière à s'en rendre maître, et de s'y établir avec des forces suffisantes pour barrer ensuite le passage et résister aux efforts que ne manqueront pas de faire les généraux du czar pour recouvrer cette voie de communication, si essentielle pour eux.

Or, la position favorable d'Eupatoria permet à la coalition d'atteindre en deux ou trois marches la maison de poste d'Orta-Alban, située sur la grande route que nous venons d'indiquer comme position décisive. Orta-Alban est presqu'à une égale distance de Pérékop et de Sébastopol. Parvenue sur ce point, l'armée confédérée n'aura plus qu'à s'étendre au moyen de corps légers vers la mer Putride pour intercepter toutes les voies d'approvisionnements et de retraite des Russes du côté nord de la presqu'île.

Les Turcs occupent déjà Eupatoria et doivent s'y réunir, dit-on, au nombre de 50,000 hommes ; il serait à désirer que la France et l'Angleterre pussent dérober à la vigilante observation du gouvernement russe l'envoi d'un pareil chiffre de combattants avec l'approvisionnement d'une nombreuse artillerie : car il conviendra de s'établir défensivement sur les lignes interceptées.

Cette armée turco-anglo-française de 100,000 hommes étant placée sous les ordres supérieurs et uniques d'un général expérimenté, serait destinée à jouer le rôle principal. Dès lors, les troupes de Balaclava et de Kamiesch, quel qu'en soit l'effectif, devraient subordonner leurs mouvements à ses opérations.

Dès que le commandant de cette armée aura mis ses troupes en état de commencer la campagne, il laissera dans Eupatoria une quinzaine de mille hommes, et s'empressera de porter les 85,000 combattants disponibles sur la route indiquée plus haut, et de couper ainsi toutes les relations des Moscovites avec Pérékop. Puis, sans perdre de temps, il devra s'avancer dans la direction de Simphéropol et venir prendre position presqu'au sommet de l'angle formé par les deux routes qui conduisent de Pérékop et d'Eupatoria à Simphéropol, sa gauche appuyée au haut Salghir et sa droite au ravin de Tobé. Le gros de son avant-garde, poussé à une marche en avant, lancerait ses éclaireurs jusqu'aux portes de Simphéropol, si cela était possible.

Dès que les généraux ennemis occupés dans Sébastopol ou autour de la place seront instruits de l'arrivée des alliés sur leur ligne de retraite, on les verra, très certainement, accourir avec toutes les troupes qu'ils pourront amener, n'ayant en effet rien de plus pressé que de chasser les confédérés des menaçantes positions où ils se seront postés sur leurs derrières, ne laissant à la garde de Sébastopol que le nombre de troupes rigoureusement nécessaires à sa défense.

Pendant que ces dispositions seront prises, l'armée secondaire ne restera point inactive : dès qu'elle saura que l'armée principale a quitté Eupatoria, elle se rapprochera des avant-postes russes, et entamera avec eux de vives démonstrations d'attaque, observant avec soin l'attitude et les mouvements des divers corps placés devant elle, afin d'être en mesure de se mettre à leur poursuite aussitôt qu'elle s'apercevra de leur marche rétrograde ; alors elle les suivra pas à pas, les talonnera parfois, mais restant toujours en bon ordre, de telle sorte qu'elle soit constamment prête à les arrêter ou les mettre entre deux feux au moment où l'ennemi, parvenu en présence de notre armée principale, sera contraint d'engager la bataille.

Amenée par cette combinaison à combattre dans une position des plus désavantageuses, il est probable que l'armée du czar éprouvera une complète défaite qui la réduira aux extrémités terribles où se trouvèrent les Autrichiens après leur désastre de Marengo, ou bien à ceux qui les forcèrent plus tard à capituler dans Ulm.

Les Russes vaincus et anéantis en rase campagne, Sébastopol céderait bientôt, et la guerre aurait atteint son terme, laissant aux armées confédérées une ample moisson de gloire et à l'alliance occidentale les résultats qu'elle s'est proposé d'obtenir.

L'exécution de l'un ou de l'autre de nos deux plans de campagne exigera également l'organisation d'un bon système d'espionnage, auquel on emploiera, en les payant largement, des hommes du pays : Juifs, Tartares, Arméniens, tous gens opposés aux croyanecs religieuses des Russes. Ces espions devront être dirigés de manière à ce que l'armée alliée soit toujours entourée d'un réseau de ces agents dévoués, venant de tous côtés l'instruire chaque jour de ce qui se passe chez l'ennemi.

La plupart des relations publiées antérieurement à la guerre actuelle sur les provinces méridionales de l'empire russe se taisaient à l'endroit des ouvrages de fortification qui protégeaient la ville et les vastes chantiers de Nicolaïeff; ceux d'entre les voyageurs qui les mentionnaient dans leurs écrits s'accordaient à les présenter comme étant de très peu d'importance.

Depuis le commencement des hostilités jusqu'en septembre dernier, les généraux moscovites ne s'étaient point préoccupés du besoin de mettre ce grand arsenal à l'abri d'une attaque vigoureuse.

Cette négligence des chefs russes nous ayant paru susceptible d'être mise à profit par les alliés, nous fîmes part de cette remarque au ministre de la guerre, en lui envoyant, le 20 mai 1855, le mémoire suivant.

Nos observations sur le mauvais état de l'armement de Nicolaïeff ont été pleinement confirmées par les nombreux et unanimes rapports qui ont rendu compte des immenses moyens de résistance accumulés à grands frais depuis par l'ennemi autour de cette place et sur les deux rives du Bug.

L'ordre du jour de l'empereur Alexandre II publié à Saint-Pétersbourg le 18 novembre dernier, où il remercie les grands-ducs, ses frères, le général Todtleben et autres officiers, de la promptitude avec laquelle les fortifications de Nicolaïeff ont été établies et armées, prouve, jusqu'à l'évidence, que celles qui existaient au moment où nous écrivions eussent été insuffisantes pour mettre obstacle à l'entreprise indiquée, si on eût jugé à propos de l'exécuter dans le courant de juin ou juillet suivants.

PROJET

D'UNE

EXPÉDITION MILITAIRE SUR NICOLAÏEFF

20 mai.

C'est incontestablement un magnifique poste maritime pour la Russie que cette place formidable devant laquelle les armées anglo-françaises semblent depuis près de huit mois épuiser leur valeur. La nature avait été prodigue pour Sébastopol, l'art est venu multiplier autour de lui toutes les ressources que le génie de l'homme pouvait suggérer pour le rendre plus redoutable.

Si l'on cherche néanmoins à pénétrer les secrets de la puissance russe dans la mer Noire, on s'aperçoit bientôt que la capitale maritime de la Crimée n'est dangerense que par sa position stratégique; et, mettant de côté cet avantage, on ne saurait voir en elle qu'une simple forteresse maritime, tirant sa force d'éléments qui lui sont étrangers : nous voulons parler de la nombreuse flotte entretenue constamment dans son port.

Il faut le remarquer, aucun de ces beaux vaisseaux de guerre qui la composent ne sont construits sur les chantiers de Sébastopol; ils lui viennent d'un autre point de la Russie méridionale : c'est à Nicolaïeff que sont préparées et confectionnées ces espèces de recrues de la puissance navale des czars. Amenés ensuite dans les vastes et profonds bassins de Sébastopol, ces nouveaux bâtiments de la marine russe sont armés dans ce port et y reçoivent le matériel de guerre qui leur est nécessaire, eu égard à leur destination.

Nicolaïeff est l'unique chantier de construction militaire de la marine russe en Orient; seul il fournit à Sébastopol tous les bâtiments de guerre, depuis la légère barque jusqu'à ces masses flottantes qui portent majestueusement jusqu'à 120 canons sur les ondes de la mer Noire. Aussi les magasins de Nicolaïeff renferment-ils des approvisionnements considérables en bois, fers, cuivres, suifs, goudrons, etc.; en un mot ils sont pourvus de tout, et sur la plus vaste échelle.

Nicolaïeff nous paraît donc le premier pivot d'un profond système par lequel la Russie prétend s'assujettir les mers du Levant. Le second serait Sébastopol. Ces deux ports, admirablement disposés par la nature, se complètent l'un par l'autre, et certes la grande Catherine les réunissait dans sa pensée d'avenir lorsque cette ambitieuse souveraine conçut le projet de créer une puissante armée navale sur les côtes de l'Euxin.

Dans cet état de choses, la prise de Nicolaïeff, la destruction de ses chantiers, l'enlèvement des riches matériaux qui ont été depuis longues années entassés dans les magasins de cette ville, causeraient évidemment un incontestable préjudice aux finances de l'empire russe et frapperaient au cœur sa suprématie dans les régions Orientales. On étoufferait ainsi le germe de cette fécondité maritime qui lui donne le moyen de couvrir de ses navires de guerre les eaux de la mer Noire.

Jusqu'ici cependant le silence le plus absolu a été gardé sur Nicolaïeff; aucune feuille publique ne l'a signalé comme un point objectif aux armées alliées, et d'autre part rien n'est également venu nous apprendre que les ingénieurs moscovites aient songé à construire de nouveaux ouvrages de défense autour de cette place. Cela provient sans doute de ce qu'ils ont une pleine confiance en sa position reculée dans les terres.

Les coalisés ne paraissent pas non plus avoir encore étendu leurs regards jusque sur cette ville, bien qu'ils aient à leur disposition les moyens de s'en rapprocher et de l'attaquer avec succès.

Les escadres anglo-françaises, se trouvant en effet maîtresses absolues de la mer, peuvent, à leur gré, toucher à tous les points de la côte ennemie, pénétrer dans les baies profondes ou limanes, comme aussi y effectuer des débarquements, sans éprouver trop de difficultés.

Mais, disons-le, non sans regrets, jusqu'à ce jour les alliés n'ont pas tiré de cette faculté de locomotion rapide tous les avantages qu'elle aurait pu procurer à leurs armes.

La fortune refuse de couronner les efforts de nos braves soldats devant les murs de Sébastopol; peut-être serait-elle moins rebelle à nos vœux si l'on dirigeait un corps d'armée contre Nicolaïeff.

Toutefois, pour la réussite de cette entreprise, on devrait calculer l'effectif des différentes armes dont serait composé le corps expéditionnaire d'après la nature des résistances supposées, résistances dont on se ferait une juste idée en comparant les rapports fournis par divers espions, inconnus les uns aux autres. L'exécution de cet important coup de main, confiée aux ordres d'un chef actif, habile et audacieux, nous semble susceptible d'aboutir à un succès complet.

Nicolaïeff, baigné par les eaux du Bug et de l'Ingonal, qui se réunissent un peu au dessus et au nord de cette ville, est situé sur la pente d'un coteau qui domine la rive gauche du Bug; son port est large, et de gros navires peuvent venir s'ancrer près du rivage; éloigné de 7 à 8 lieues de la mer, les vaisseaux, sortant de ses chantiers, sont conduits à l'Euxin par le limane profond, large et tortueux, où les eaux du Bug se mêlent à celles de la mer, qui s'avancent très avant dans les terres.

D'après ces données, si l'opération dont nous venons de parler venait à être résolue, son commandant en chef devrait s'y disposer sans retard, en ordonnant avec le plus grand secret les préparatifs nécessaires. Il ferait en sorte de maintenir ses adversaires dans une profonde sécurité quant à l'objet de son attaque, et, dans ce but, il simulerait des intentions hostiles contre quelques autres points, leur donnant même une plus grande consistance par des démonstrations de débarquement de nature à préoccuper vivement l'ennemi.

Au moment indiqué, la flotte portant les troupes de l'expédition, et composée de bâtiments d'un tirant d'eau convenable, se mettrait en mouvement; elle arriverait de nuit à l'embouchure du Bug, pénétrerait dans son lit durant l'obscurité, si elle le pouvait sans danger, et, remontant le cours du fleuve, elle irait effectuer le débarquement de l'armée aussi près que possible de Nicolaïeff, choisissant pour aborder un point favorable de la rive gauche, ce côté paraissant offrir moins d'obstacles que l'autre à l'exécution d'une brusque et vigoureuse attaque, telle qu'il importe de l'opérer pour se rendre maître de la place.

Les arsenaux de Nicolaieff, qu'il s'agirait de prendre et détruire, sont situés à 51 lieues de Pérékop, où stationnent, dit-on, des réserves nombreuses de troupes russes. Ils sont aussi à près de 30 lieues de la ville d'Odessa, autour de laquelle campe une armée d'observation. Voznesensk, centre et quartier-général des colonies militaires moscovites, n'est lui-même qu'à 26 lieues. On devra donc s'attendre à voir bientôt paraître des colonnes ennemies accourant de ces trois points au secours de Nicolaieff; mais ces troupes ne peuvent être redoutables qu'après leur réunion; or il est probable qu'elle exigera au moins sept à huit jours, espace de temps suffisant pour permettre l'accomplissement de l'expédition, si elle est bien conduite.

Aussitôt la mission du corps expéditionnaire terminée, il rejoindra ses vaisseaux, évitant de s'engager trop sérieusement avec les troupes russes de secours. Néanmoins, il en serait autrement si l'ennemi, en se rapprochant de la place, lui offrait une belle occasion de battre séparément ses diverses colonnes, ou si, ayant reçu des renforts, son général en chef jugeait pouvoir, de ce point comme base, entamer une nouvelle campagne sur tous autres lieux non loin de la mer, sur laquelle il ne cesserait de s'appuyer.

On a souvent agité la question d'un débarquement vers Odessa, ayant pour but de s'emparer de cette riche et commerçante cité pour en faire la base d'autres opérations offensives. Ce plan de campagne, exécuté l'année dernière, eût très probablement réussi à donner aux confédérés, peut-être même sans coup férir, une grande partie de la Bessarabie. Leur armée, en possession de cette place, eût menacé le flanc et les derrières des troupes russes répandues soit dans les provinces Valaques, soit sur la rive gauche du Danube et du Pruth. Elle eût sans doute, par sa seule position, déterminé les généraux russes à prescrire un prompt mouvement rétrograde, afin de rallier tout leur monde vers les rives du Dniester, et peut-être plus loin encore, en vue de couvrir les chantiers de Nicolaïeff.

Odessa nous semble donc être toujours une position stratégique de la plus haute importance, sa possession pouvant ouvrir les portes à une invasion de la Bessarabie.

Le 8 septembre, nos aigles avaient triomphé de l'énergique et longue résistance des Russes; les formidables retranchements qui couvraient ces derniers n'avaient servi qu'à donner un plus grand éclat à l'intelligent et bouillant courage des enfants de la France.

La guerre de campagne nous parut alors devoir succéder à celle de siége, et, dans cette pensée, nous transmîmes, le 2 du mois suivant, au maréchal ministre de la guerre, l'exposé des grands mouvements tournants que voici.

Son Excellence le maréchal Vaillant, aussi parfait stratégiste qu'habile et savant ingénieur militaire, envisageant notre travail sous un rapport très favorable à la cause, ne voulut confier à d'autre plume que la sienne le soin de nous annoncer, le 11 octobre, « qu'il nous avait lu avec une grande attention, qu'il appréciait nos recherches et nous en exprimait une sensible gratitude, etc., etc., etc., etc..... »

Mémoire traçant l'exécution stratégique de trois Plans de campagne différents, applicables à la situation actuelle des troupes alliées en Crimée.

> Les combinaisons stratégiques sont le prélude essentiel de celles de la tactique, leur influence est immense sur le sort de la campagne : car il est évident que, si par des marches habiles on parvient à conduire les colonnes d'une armée sur les flancs ou les derrières de l'ennemi, la victoire sera presque gagnée avant d'engager le combat.
>
> C'est aux belles applications de cette partie de l'art militaire que les grands capitaines de l'antiquité, aussi bien que les généraux les plus illustres des temps modernes, ont dû leurs éclatants triomphes.

---

2 octobre.

Un brillant fait d'armes vient de parer les drapeaux alliés en général, mais ceux de la France en particulier, d'une auréole de gloire immortelle. La partie sud de Sébastopol, si vaillamment défendue par les Russes, a succombé, cédant à la puissance des habiles travaux de nos officiers du génie et d'artillerie, et surtout à l'élan irrésistible imprimé par leurs chefs aux braves bataillons d'infanterie.

Maintenant, cet héroïque succès produira-t-il l'effet désirable d'obliger le czar à solliciter la paix ? Déterminera-t-il les chefs de son armée à nous abandonner toute la province sans d'autres combats ? Nous ne pouvons nous défendre, en raison de leur conduite passée, de craindre des résolutions contraires.

L'ennemi, s'étant retiré dans les formidables positions élevées au nord du bras de mer, voudra, sans nul doute, courir de nouvelles chances de combat et présenter encore des résistances à la conquête entière de son magnifique port de mer; s'il est forcé de nouveau sur ce point, il est à croire qu'il se repliera plus en arrière sur d'autres lignes, habilement préparées à l'avance : car, on ne peut le contester, il s'entend en ressources défensives.

Par le triomphe récent des alliés, leur amour-propre se trouve satisfait ; ils ont démontré leur supériorité militaire, ils sont parvenus à prendre ou à détruire d'immenses richesses maritimes, accumulées depuis longues années dans cette portion sud de la place dont ils viennent de se rendre maîtres. Nous pensons donc qu'il serait à propos de proposer une paix honorable, et, dans le cas de refus, d'adopter immédiatement un système bien combiné de grande guerre de campagne, au lieu de se livrer à l'entreprise de nouveaux travaux de siége, et de s'assujettir, par suite, aux lenteurs méthodiques d'opérations peu conformes à la vivacité naturelle du caractère français.

Les forteresses du nord, où se sont retirées les troupes ennemies, sont d'une indispensable nécessité aux confédérés : car ce qu'ils possèdent maintenant de Sébastopol ne peut être considéré que comme un simple point objectif politique, qui ne donne aucun ascendant stratégique dans l'invasion du reste de la Tauride. L'emplacement géographique de ce port ne pourra leur servir en réalité de formidable base d'opérations que lorsque toutes les redoutes qui l'entourent seront tombées dans leurs mains.

La conquête déjà faite serait en conséquence totalement incomplète si les alliés ne s'empressaient d'employer d'autres moyens que ceux d'une guerre de siége pour arriver à expulser immédiatement les troupes russes des pentes qui dominent la rive droite du bras de mer : en effet, de là, l'ennemi peut, par sa nombreuse artillerie, non peut-être s'opposer entièrement à l'entrée de nos vaisseaux dans le port, mais tout au moins leur causer de graves dommages.

Ajoutons en outre, en faveur d'une campagne immédiate dans l'intérieur, la considération d'un principe immuable à la guerre, celui d'agir toujours, contre son adversaire, dans un sens opposé à ce qu'il semble désirer ; or, si l'on en juge par le système que les généraux russes ont jusqu'ici mis en pratique avec des troupes, sinon supérieures, au moins égales en nombre à celles de la coalition, on peut supposer avec quelque vérité qu'ils ont adopté une défensive persistante, persuadés peut-être qu'en retenant ainsi les forces de terre alliées sur cette extrémité de l'empire, elles leur seront infiniment moins préjudiciables que si leurs soldats, aidés du concours de la flotte, allaient attaquer tous autres lieux plus vulnérables de l'empire.

Il importe donc aux confédérés de tromper l'attente de

leurs adversaires, en concertant des mouvements stratégiques ayant pour but d'aller tomber comme la foudre sur celle des deux extrémités de l'armée russe qui les conduirait le plus directement sur Baktché-Saraï ou Simphéropol.

Cette entreprise bien calculée devra certainement amener le favorable résultat de forcer les Moscovites à un abandon précipité des hauteurs nord de Sébastopol, car ils redouteront avec raison d'être pris à dos et refoulés vers la mer.

Dans la situation respective des armées belligérantes, essayons de rechercher quel serait le système de campagne qui paraîtrait le plus convenable à suivre et pourrait faire espérer à la coalition l'accomplissement le plus prochain de ses vœux, savoir : affaiblir la puissance du czar en Orient, humilier de rechef ses drapeaux, les chasser de la presqu'île, et, par l'immense ascendant de nos armes, obliger le fier autocrate à recevoir les conditions de la paix.

Mais, avant d'aller plus loin, rendons-nous compte, aussi exactement que le permet la carte de la Crimée que nous avons sous les yeux, de la topographie intérieure du pays au milieu duquel les chefs alliés auront à manœuvrer.

Nous limiterons la première zone de leurs opérations à l'espace renfermé dans le demi-cercle que contournent les eaux de l'Euxin, de l'ouest à l'est, depuis l'embouchure du Boulganak jusqu'au port d'Alouchta, et de ce dernier endroit, pénétrant dans l'intérieur de la Crimée, nous fixerons sa limite à une ligne droite qui, s'inclinant vers le nord-ouest, atteindra Simphéropol, et de cette ville, courant à l'ouest, joindra la vallée du Boulganak à Badrak et la suivra jusqu'à la mer.

Simphéropol, qui occupe comme on le voit le sommet de cet angle obtus, devra être le premier but objectif vers lequel tendront tous les efforts des confédérés ; cette ville importante conquise, Pérékop deviendra le second objectif de la campagne.

Remarquons d'abord que cet échiquier se trouve coupé par cinq rivières, qui, s'échelonnant du sud au nord, divisent son sol jusqu'à Simphéropol, par tranches circulaires et presque parallèles ; toutes, fuyant de l'est à l'ouest, vont déverser leurs eaux dans la mer Noire ; la plus au sud les dégorge dans le port de Sébastopol, et les quatre autres les portent plus au nord dans le golfe de l'Euxin nommé Kalamita.

La première de ces rivières est la Tchernaïa ; elle prend sa source dans les gorges des monts Serinkaia, au-dessus du bourg d'Ouzoungi, et va se jeter au fond du bras de mer de Sébastopol ; son cours est d'environ dix lieues. Vient ensuite le Belbeck ; celui-ci prend sa source au versant occidental d'une partie de la chaîne du mont Jaila. Le cours du Belbeck est d'environ 16 lieues ; la vallée qu'il fertilise présente une assez belle largeur.

Trois lieues plus loin se trouve la Katcha ; celle-ci prend également naissance dans les gorges ouest du Jaila, reçoit, dans son parcours de 20 à 22 lieues, plusieurs affluents ; son lit tortueux arrose une vallée riche en pâturages ; la ville de Baktché-Saraï est située à près de 2 lieues de sa rive droite. A 5 lieues plus au nord coule l'Alma (nom à jamais célèbre) ; cette rivière descend du Tchatir-Dagh et de ses contreforts sud-ouest ; son cours compte de 21 à 24 lieues ; sa vallée semble partager l'espace qui sépare Baktché-Saraï de Simphéropol. Quant au Boulganak, qui prend sa source presque sur la route impériale qui de l'Alma mène à Simphéropol, son parcours est d'environ 10 lieues ; il paraît se maintenir constamment à une distance de 3 à 5 kil. de l'Alma.

Tel est l'apect géographique du terrain composant l'échiquier dans lequel il s'agit de tracer à nos colonnes leurs marches stratégiques.

Il importe maintenant de combiner celles-ci de manière à ce que nos soldats puissent gagner les flancs et les derrières des crêtes de montagnes, de leurs défilés, comme aussi de toutes autres positions où les Moscovites tenteraient de se défendre, depuis les bords de la Tchernaïa jusqu'au delà de Simphéropol.

S'il est vrai que l'effectif général des troupes alliées réunies pour le siége soit au moins de 150,000 hommes de toutes armes, comme l'ont confirmé plusieurs articles du *Moniteur*, un envoi de nouvelles troupes ne sera point nécessaire, car avec un tel chiffre on peut faire de grandes choses; il sera donc possible, sans nuire à la garde de la portion conquise de la place, de disposer d'un corps d'armée de 50,000 hommes, y compris une artillerie suffisante (deux pièces au moins par mille combattants) et 4 à 5,000 cavaliers.

Ce fort détachement, placé sous les ordres d'une autorité supérieure et unique, pourra être composé de divisions fournies par les diverses nations; mais elles devront toutes être rigoureusement subordonnées à une seule et suprême volonté, celle du général en chef chargé du commandement de l'expédition.

Ce corps d'armée sera organisé, puis embarqué, dans le plus impénétrable secret; on devra également faire en sorte de masquer son départ au moyen de vives démonstrations d'attaque exécutées sur tous les points du front de l'ennemi, en montrant à sa vue, par d'adroites manœuvres, des masses de troupes plus considérables qu'à l'ordinaire.

Dans cet état de choses, trois plans de campagne différents viennent s'offrir à nous; tâchons d'examiner les avantages et les inconvénients de chacun d'eux.

Premier plan.

Il consiste à porter l'armée expéditionnaire au port d'Alouchta. Une fois débarquée, son chef aura le choix entre deux directions à donner à ses colonnes : l'une conduisant droit à Simphéropol, c'est la route impériale tracée entre le pied de la montagne de Chatir-Dagh et les monts Pakal; la distance à parcourir est de 14 à 16 lieues. Par cette voie, le principal point objectif de l'intérieur de la Crimée pourrait être atteint en trois journées de marche.

Cette première ligne serait sans contredit la meilleure à suivre s'il y avait certitude que la droite de l'armée principale pût venir protéger la gauche du corps expéditionnaire; mais il serait possible que, dans la circonstance actuelle, cette marche fût de nature à compromettre gravement l'expédition.

Entreprise dans le courant d'avril ou mai dernier, elle eût très probablement procuré de satisfaisants résultats, parceque la plus grande portion des forces russes se trouvaient impérieusement retenues dans ou près de Sébastopol.

L'autre route, qui se jette plus à gauche, nous paraît préférable ; elle remonte la vallée d'Alouchta, gravit quelques faibles hauteurs, et, descendant leurs pentes vers l'ouest, elle a bientôt joint les sources de l'Alma.

Les alliés, marchant sur trois colonnes parallèles, suivies d'une convenable réserve, s'avanceront donc de ce côté, précédés par une forte avant-garde. Parvenus au moulin de Betchev, ils pourront, selon les circonstances, suivre à leur gré les rives de l'Alma ou se rabattre sur Baktché-Saraï, prolongeant leur gauche vers le cours du Belbeck afin d'y donner la main à quelques divisions de l'armée principale, venues à leur rencontre.

Par cette marche stratégique, il est à croire que le corps expéditionnaire pourra heurter avec succès les parties faibles de l'armée russe, puisque sa manœuvre tournante le mettra à même d'atteindre le flanc gauche ou les derrières des positions ennemies, échelonnées de Simphéropol à la place conquise par les légions alliées.

Cependant les mouvements que nous venons de tracer ne seraient point exempts de sérieux dangers, s'il arrivait que les généraux du czar fussent habiles à saisir le défaut d'une manœuvre exécutée par leurs adversaires, et qu'ils sussent en outre imprimer une rapide impulsion à la marche de leurs soldats.

En effet, le port d'Alouchta est loin des positions de notre armée principale, qui occupe le sud de Sébastopol et la rive gauche de la basse Tchernaïa. Cette distance pourrait fournir aux Russes le temps de réunir leurs forces, de les interposer immédiatement entre les alliés de manière à s'opposer à toute jonction entre eux ; puis, avec de nombreuses masses, appelées de toutes parts, ils accableraient de leur poids notre corps expéditionnaire.

Ce plan pourrait donc avoir l'inconvénient d'embrasser un espace trop large devant des ennemis nombreux, groupés par grosses masses sur une diagonale de quelque vingt lieues, d'où il pourrait, avec un peu d'adresse militaire, en partant de Kabarta sur le Belbek et de Baktché-Saraï, se placer de manière à combattre séparément le grand détachement et les divisions de notre armée principale.

Ce premier plan ne serait donc admissible que dans l'hypothèse où une jonction avec l'armée principale serait assurée sur la Katcha ou l'Alma, et si des renseignements positifs sur l'emplacement des divers corps russes, joints à la lenteur du caractère des chefs qui les commandent, se trouvaient être de nature à devoir favoriser complétement l'exécution.

Second système d'opérations.

Celui-ci consisterait à jeter les colonnes expéditionnaires au nord de Sébastopol; en conséquence, on les débarquerait sur un point avantageux de la côte du golfe de Kalamita, entre l'embouchure du Belbek et celle de l'Alma.

Le corps d'armée, ayant mis pied à terre, serait disposé en quatre colonnes. Trois, marchant de front et précédées de leur avant-garde, suivraient des chemins parallèles, s'il y en avait, ou s'en ouvriraient à travers le pays; elles remonteraient ainsi le cours des rivières qui baignent cette région (1). La quatrième colonne, formée de la réserve, suivrait

(1) L'aspect du pays et les cours d'eau qui le sillonnent ont été décrits dans l'exposé du 24 mars.

à une demi-marche en arrière de la colonne du centre (1).

Le général en chef combinerait ses mouvements de manière à tourner la droite des positions ennemies, et, s'il était possible, à les enlever les unes après les autres en agissant sur toutes avec ses masses réunies.

50,000 hommes bien conduits, dans ce pays accidenté, sont capables d'obtenir d'admirables succès. Le général s'avancerait donc, selon les circonstances, sur Baktche-Saraï ou Simphéropol; évitant autant que possible d'engager des combats de front, il chercherait toujours, par d'habiles manœuvres tournantes, à déborder ou gagner les derrières de ses adversaires.

Dès que le chef des légions alliées stationnées à Eupatoria connaîtrait le débarquement de notre corps d'armée, il s'empresserait d'inquiéter vivement les Russes placés devant la ville, et ferait en sorte d'en purger le pays, afin d'entrer en communications directes avec ses frères d'armes et de les aider de son concours autant que la sûreté de sa place pourrait le lui permettre.

Le général en chef de l'expédition ne devra point perdre un seul instant de vue sa ligne de retraite vers le lieu de son débarquement, dont il aura eu soin de faire une place d'armes; il chercherait en outre à s'en ménager une au besoin sur Eupatoria.

Ce second plan, mis en pratique par un général manœuvrier, résolu, plein d'activité, riche en ressources stratégi-

---

(1) L'Empereur Napoléon Ier répétait souvent qu'une armée peut défiler partout où un homme a la possibilité de poser le pied, et ses troupes ont souvent démontré la vérité de ce principe.

Il est encore certain que, d'un village ou d'un hameau à un autre, il existe toujours une communication plus ou moins bonne.

ques et bien pénétré de la topographie du pays au milieu duquel il devra opérer, obtiendra très probablement une prompte retraite des Russes de toute la contrée située entre les forteresses du Nord et Simphéropol.

Toutefois, cette opération porte avec elle l'inconvénient grave de laisser le corps expéditionnaire agir isolément. Il ne saurait espérer, en effet, ni appui ni secours direct de l'armée restée à Sébastopol sud, celle-ci ne pouvant venir à son aide que dans le cas où il parviendrait à chasser les Russes de leurs fortes positions du nord de la place. Alors seulement une jonction pourra s'effectuer; mais jusque là il ne devrait compter sur d'autre concours que celui qui proviendrait des fortes diversions de l'armée principale faites sur la basse Tchernaïa.

Cette entreprise violerait encore ce principe de la grande guerre qui veut qu'on n'agisse jamais sur deux lignes stratégiques extérieures, alors que l'ennemi occupe la ligne intérieure. Or, les troupes du czar échelonnées du nord de Sébastopol à Simphéropol sont placées sur cette dernière ligne (1).

Troisième plan.

Ce dernier diffère essentiellement des deux précédents : moins large que le premier, il évite en partie le défaut de

(1) Lorsqu'en mars dernier nous proposions d'effectuer de fortes diversions en partant d'Eupatoria, les circonstances étaient tout à fait différentes de celles d'aujourd'hui (octobre); les généraux russes se trouvaient alors dans la né-

l'isolement qui s'attache au second, puisqu'il fait entrer en peu de temps toute l'armée alliée dans sa sphère d'action.

Ce plan consiste à effectuer la descente des 50,000 hommes organisés, comme nous l'avons déjà dit, sur la côte du golfe de Jalta. Dès que la première division aura mis pied à terre, le corps d'avant-garde, composé d'une brigade d'infanterie, de 1200 hommes de cavalerie et d'une batterie au moins d'artillerie, marchera sur Auloupka, et poussera même à quelques lieues plus loin s'il ne trouve aucun obstacle sérieux.

Pendant ce temps une brigade de la première division s'avancera sur la petite ville de Jalta, dont elle s'emparera; puis, avec quelques escadrons et de l'artillerie, elle ira prendre position à deux lieues en avant sur la route d'Alouchta, sa droite appuyée au village de Nikita, et sa gauche se courbant en demi-cercle le long du pied des monts Jaïla, afin d'observer les débouchés de la montagne de ce côté, couvrir le reste du débarquement et donner de l'espace aux autres divisions.

La descente étant entièrement opérée, le corps expéditionnaire se mettra en marche vers Balaklava. Il sera formé en quatre colonnes. La première, à droite, longera le pied de la montagne; quelques uns de ses bataillons suivront la crête; ceux-ci devanceront leur colonne, fouillant avec soin tous les plis de terrain avant qu'elle s'avance dans la plaine du littoral. Le point de direction de cette colonne devra être le hameau d'Ouzounji et de Psaga.

---

cessité de garder en forces les fortifications de Sébastopol et les hauteurs d'Inkermann; ils ne pouvaient, par conséquent, détourner de cette garde que de faibles détachements.

La deuxième colonne tiendra la gauche de la première; elle suivra la grande route qui court le long de la mer, et, à mesure que le littoral s'élargira, elle s'étendra vers sa droite, ne cessant d'être étroitement liée avec les bataillons de gauche de la première.

La troisième prendra également la grande route, marchant à trois lieues en arrière de la deuxième. Quant à la réserve, elle suivra le mouvement, ayant soin de maintenir sa tête à une demi-marche de la gauche de la colonne qui marchera devant elle, et fera surveiller ses derrières par une forte arrière-garde.

La première et la seconde colonnes, parvenues à la hauteur du bourg de Baïdar et du hameau de Teiliou, s'étendront à droite; la deuxième, abandonnant la grande route, prendra sa direction sur Isartchik, situé sur la haute Tchernaïa; la troisième, s'avançant alors, viendra se mettre en ligne avec les deux premières, en portant sa gauche à Miskomia.

Les chefs de l'armée alliée restée en observation dans les travaux et la ville de Sébastopol ordonneront un redoublement d'attaques de toutes parts; ils détacheront en même temps sur Balaklava la plus grande portion de la cavalerie, avec l'infanterie et l'artillerie de campagne dont ils pourront se passer sans nuire à la sûreté de la ville prise et aux travaux faits à Kamiesch.

Ces troupes marcheront à la rencontre de l'expédition, venant de Jalta, et leur jonction aura probablement lieu sans grandes difficultés, car les corps de Liprandi, que l'on dit occuper la haute Tchernaïa, la vallée de Baïdar, et s'étendre même jusqu'à la mer, ne commettront certainement pas la faute de s'exposer à être pris entre deux feux en essayant d'y mettre obstacle. Or, la courte distance entre Jalta et Balaklava, et la rapidité de la marche de nos troupes, tant d'un côté que de l'autre, ne laisseront pas le temps à d'autres corps moscovites de venir renforcer suffisamment les troupes du général Liprandi.

Les troupes alliées s'étant donné la main, la cavalerie entrera en action ; elle prendra la droite du corps expéditionnaire, qui se prolongera depuis les sources de la Tchernaïa jusqu'à celles du Belbek ou de la Katcha, selon les circonstances; puis, descendant le cours de ces rivières, il accélérera ses mouvements sur le flanc des positions de l'ennemi, de manière à les prendre toutes à revers et à ne pas laisser à ce dernier le temps de se reconnaître.

Quant aux divisions venant de Balaklava, elles franchiront la Tchernaïa vers ses sources et marcheront de front devant elles, en obliquant toutefois sensiblement à droite, afin de se conformer aux mouvements du corps d'armée, et de rester toujours étroitement liées à la gauche de ce dernier.

Comme conséquence de cette manœuvre stratégique, les corps des alliés chargés d'observer et d'inquiéter les Moscovites en position vers Inkermann et Traktir devront les attaquer, s'il y a lieu, dans le but de se joindre aux divisions de Balaklava. Or, il est très probable que cette réunion sera d'autant plus facile que les généraux russes, appréciant les dangers d'un mouvement qui tendrait à les déborder, se hâteront d'abandonner non seulement les coteaux de la basse Tchernaïa, mais encore la partie nord de Sébastopol, se retirant sur Baktchi-Saraï et Simphéropol.

Dans cette dernière hypothèse, les chefs alliés, toujours fidèles aux principes de la guerre de montagne, continueront leurs manœuvres tournantes, menaçant d'intercepter la ligne de retraite de l'ennemi, ce qui mettra indubitablement ce dernier dans la pénible alternative de se replier immédiatement au delà de Simphéropol ou de livrer bataille dans une situation infiniment désavantageuse.

En effet, outre l'ascendant incontestablement acquis par nos braves soldats sur les troupes du czar, les confédérés se présenteront en ligne avec des forces considérables, parfaitement en mesure d'agir offensivement et avec ensemble; une portion les attaquant par le haut des vallées, tandis que d'autres corps viendront en même temps les aborder de front.

De pareilles marches stratégiques, bien exécutées, livreront évidemment aux assaillants trois côtés de l'échiquier décrit plus haut, ce qui jettera les chefs russes dans le plus grand embarras: car, coupés de Simphéropol, un revers les exposerait à être refoulés vers la mer, ou ne leur laisserait qu'une très mauvaise issue pour échapper aux coups des vainqueurs, celle qui sépare l'Euxin de Simphéropol; et, dans ce cas même, ils courraient la chance de voir leur retraite vivement harcelée par la garnison sortie d'Eupatoria.

Mais s'il arrivait, comme il est probable, que le corps russe de Liprandi, répandu, ainsi qu'on le dit, sur les derrières de Balaklava, eût abandonné la vallée de Baïdar et se fût replié sur les hauteurs qui séparent la moyenne et basse Tchernaïa du Belbek, dans ce cas, le mouvement tournant deviendrait à la fois plus facile et plus large, attendu que le corps expéditionnaire, certain d'une prompte jonction par sa gauche avec les divisions qui doivent l'appuyer venant de Balaklava, quitterait, une fois débarqué, le littoral, prendrait la route directe de Jalta à Baktchi-Saraï (1), traverserait de-

---

(1) Cette route est parfaitement praticable. Le comte Anatole de Demidoff nous dit, dans son *Voyage de la Russie méridionale*, être parti de Jalta le 16

vant lui la chaîne des monts Jaman-Tach et descendrait sur le gros village de Biiouk-Ouzenbaket, dont l'industrie est de fournir des roues au reste de la Crimée centrale; de là, gagnant les bords de la Stilia, il pourrait continuer à se diriger sur Bia-Sala, puis sur Baktchi-Saraï, ou bien s'étendre plus à droite pour gagner celle de l'Alma.

Le général en chef pourrait encore, si les circonstances le permettaient, faire débarquer la moitié de son monde à Jalta, et l'autre au port d'Alouchta ; ces deux colonnes traverseraient ensuite les monts, chacune de son côté, pour venir se réunir dans le haut des vallées de l'Alma et du Belbek, entre Belchew et Bia-Sala en avant de la Marta.

Les diverses marches que nous venons d'indiquer, conduites sans temps d'arrêt ni hésitations, car il s'agit d'étonner et surprendre l'ennemi, déborderaient les nombreux défilés de ces contrées volcanisées, et, par suite, obligeraient les soldats du czar à les abandonner sans aucune sérieuse résistance.

Dans le cas où ces divers mouvements réussiraient, comme il est probable, à jeter de la désorganisation dans les rangs de l'armée moscovite, les chefs alliés ne devront point hésiter à compléter leur triomphe en poursuivant leur ennemi et s'engager hardiment dans les steppes du nord de la presqu'île, afin d'y presser vigoureusement sa retraite pour le rejeter en désordre au delà du canal de Pérékop.

Nous terminerons ce mémoire en considérant l'exécution des divers plans que nous venons d'exposer comme n'exigeant

---

août, à six heures du matin, avec neuf hommes à cheval et cinq à pied, s'être arrêté dans un café à Ouzen-Batch, et être arrivé le même soir à Baktche-Saraï. Voir son ouvrage page 272 et suivantes.

point le concours d'une nombreuse cavalerie, attendu que le pays composant notre première zone d'opérations est montagneux, boisé, coupé, non seulement par les cinq rivières que nous avons signalées, mais encore par une foule de torrents, affluant de tous côtés dans le sein de ces rivières.

Aussi dans une contrée pareille, l'infanterie et l'artillerie joueront-elles nécessairement le principal rôle. Nous pensons, en conséquence, que la cavalerie n'aura probablement que peu d'occasions d'agir avec de nombreux escadrons; d'ailleurs, l'habileté de nos généraux saurait suppléer au petit nombre de cette arme.

Nous venons d'exposer ici les divers plans d'exécution signalés au ministre de la guerre dans le cours de cette grande lutte où la France s'est si noblement engagée. Les conférences ouvertes à Paris, assurant au monde l'heureuse et prompte conclusion de la paix, aucune raison de secret ne s'oppose plus, aujourd'hui, à ce que nous livrions nos idées militaires à l'appréciation du public.

5764 — Paris, imp. Guiraudet et Jouaust, 338, rue Saint-Honoré.

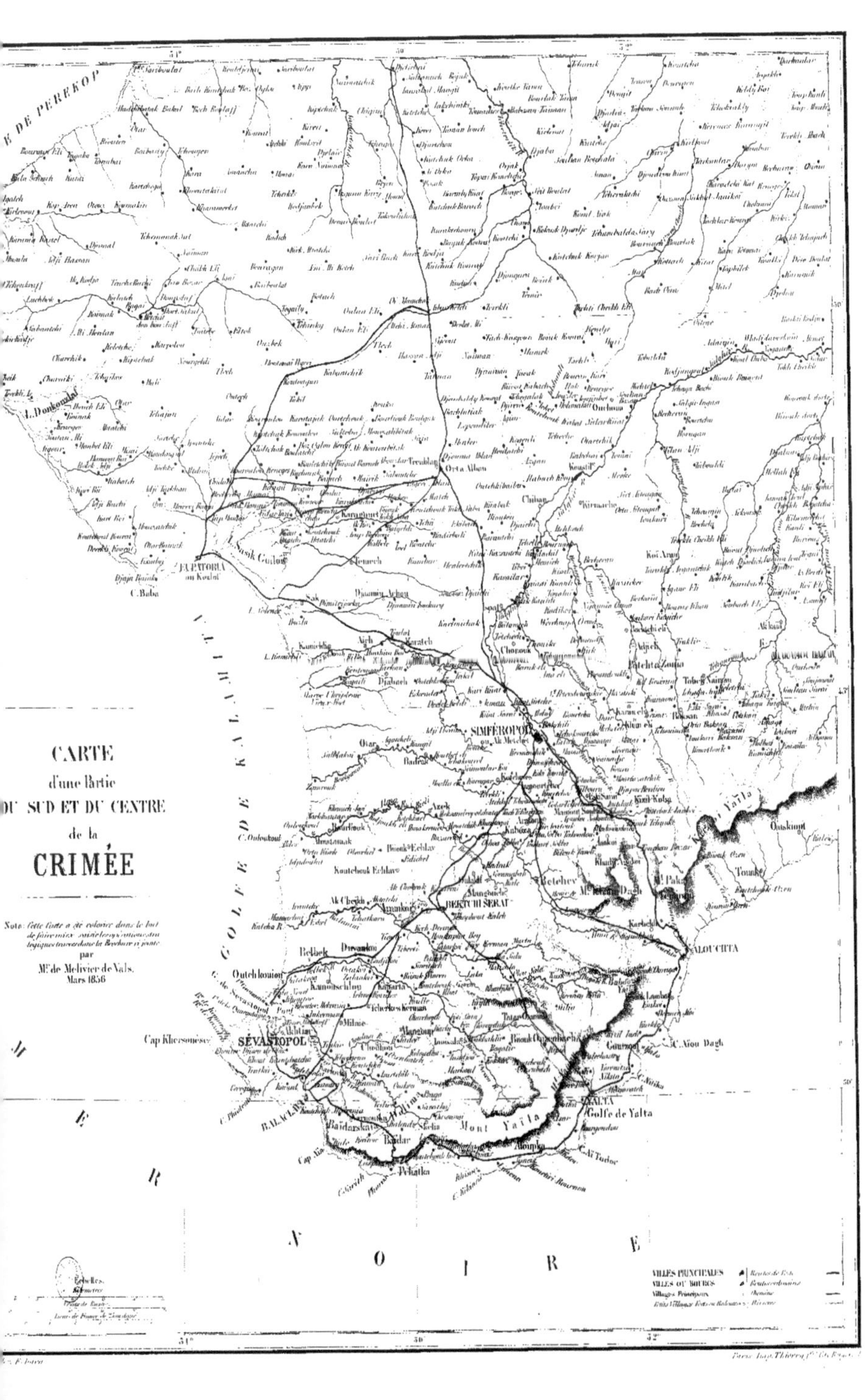
CARTE
d'une Partie
DU SUD ET DU CENTRE
de la
CRIMÉE
par
Mr de Melivier de Vals.
Mars 1856
GOLFE DE KALAMITA
MER NOIRE
SIMFÉROPOL
SÉVASTOPOL
BAKTCHI SERAI
EUPATORIA
BALACLAVA
ALOUCHTA
YALTA
Golfe de Yalta
Mont Yaïla
Cap Khersonèse
C. Aiou Dagh
C. Baba
L. Sasik Gouloë
L. Donkouslaf
VILLES PRINCIPALES
VILLES OU BOURGS
Villages Principaux

www.ingramcontent.com/pod-product-compliance
Ingram Content Group UK Ltd.
Pitfield, Milton Keynes, MK11 3LW, UK
UKHW020505180726
13839UKWH00004B/1914